Criado por Marcos Piangers

Roteiro
Gleison P. Olivo e
Paulo Brancher Filho (Meu Herói!)

Arte, cores e letras
Paulo Brancher Filho
e Mekitar Brancher

Edição
Tatiana Yoshizumi
e Gustavo Guertler

Design
Mynk22

Coordenação editorial
Fernanda Fedrizzi

Revisão
Germano Weirich

Dados Internacionais de Catalogação na Fonte (CIP)
Biblioteca Pública Municipal
Dr. Demetrio Niederauer Caxias do Sul, RS

```
P581p   Piangers, Marcos
        O papai é pop em quadrinhos 2 / Marcos
        Piangers e Gleison P. Olivo; Arte, cores e letras
        de Paulo Brancher Filho e Mekitar Brancher . —
        Caxias do Sul : Belas Letras, 2017.
        98 p. : il.

        ISBN 978-85-8174-380-6

        1. Histórias em quadrinhos. 2. Paternidade.
        I. Olivo, Gleison P. II. Brancher Filho, Paulo. III.
        Brancher, Mekitar. IV. Título.

        17/61                            CDU: 741-02
```

Catalogação elaborada por
Maria Nair Sodré Monteiro da Cruz CRB-10/904

Todos os direitos reservados à
EDITORA BELAS LETRAS LTDA.
Rua Coronel Camisão, 167
Cep: 95020-420 - Caxias do Sul - RS
Fone: (54) 3025-3888
www.belasletras.com.br

Impresso por Gráfica Pallotti

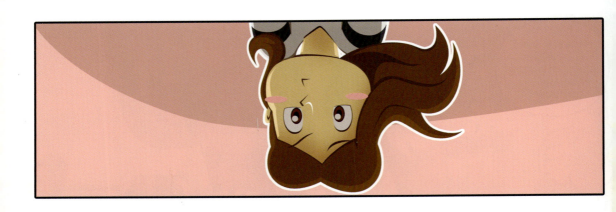

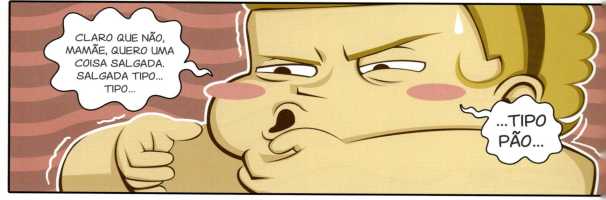

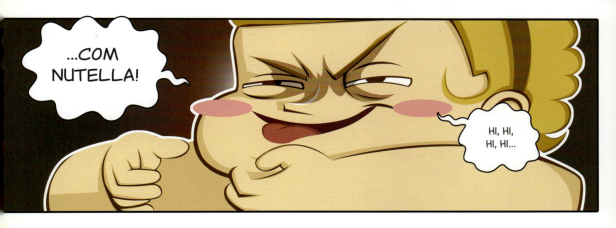

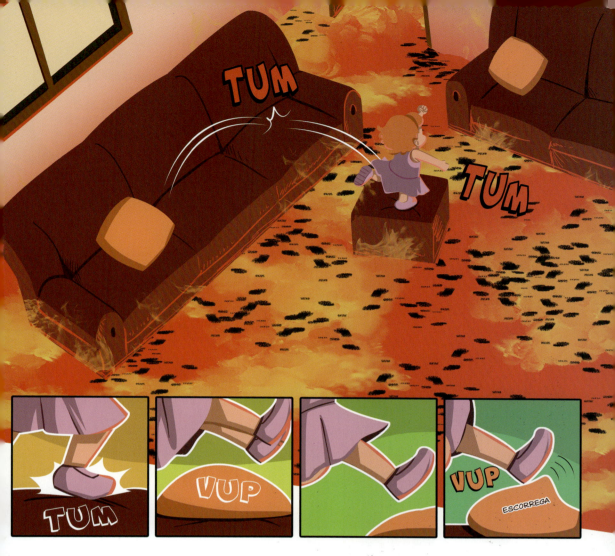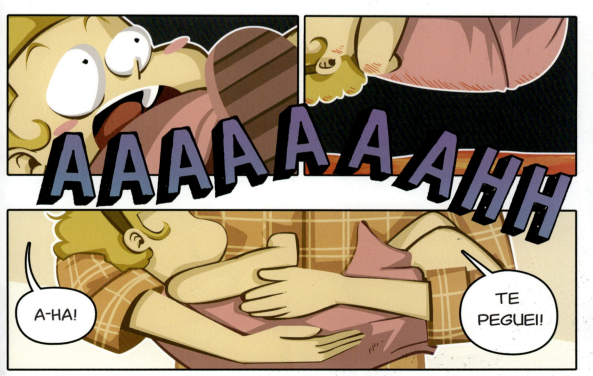

O MELHOR DESPERTADOR DO MUNDO

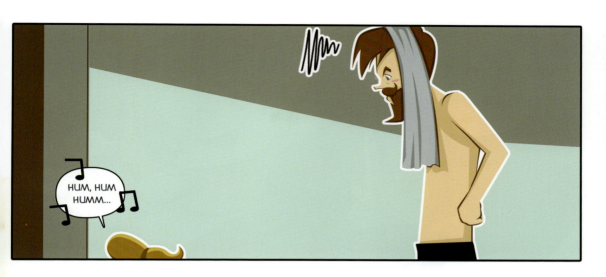

NÃO PODE DEIXAR O JOGO DE TABULEIRO NO CHÃO DO QUARTO.

O BARALHO DOS BICHINHOS ESPALHADOS EMBAIXO DO SOFÁ DA SALA.

SUAS BOLAS NO MEIO DA COZINHA.

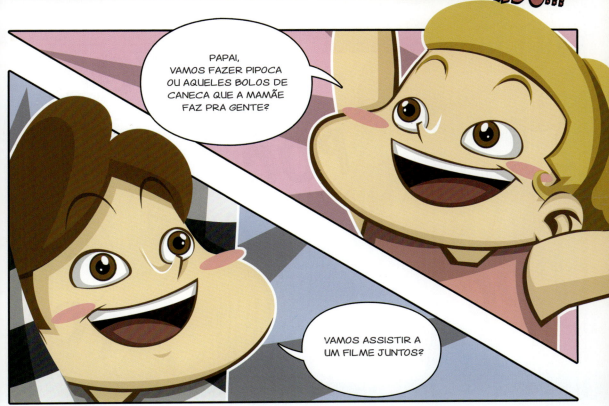

E ENTÃO, MENINAS, O QUE VAMOS ASSISTIR?

DE-SE-NHO!

CO-MÉ-DIA!

Muito obrigado
por comprar este livro!

A família Piangers doa sua parte nos lucros da venda deste livro para instituições que ajudam crianças em situação de fragilidade social.
FACEBOOK/MARCOSPIANGERS

Para cada produto comprado, a Belas Letras doa outro para bibliotecas que precisam.

CONHEÇA NOSSO PROJETO
www.belasletras.com.br